BEI GRIN MACHT SICH IHR WISSEN BEZAHLT

AF155981

- Wir veröffentlichen Ihre Hausarbeit,
  Bachelor- und Masterarbeit

- Ihr eigenes eBook und Buch -
  weltweit in allen wichtigen Shops

- Verdienen Sie an jedem Verkauf

Jetzt bei www.GRIN.com hochladen und kostenlos publizieren

Marktanalyse und Marketingplanung anhand eines EMS-Studios

Jaqueline Schmehl

Bibliografische Information der Deutschen Nationalbibliothek:

Die Deutsche Nationalbibliothek verzeichnet diese Publikation in der Deutschen Nationalbibliografie; detaillierte bibliografische Daten sind im Internet über http://dnb.d-nb.de abrufbar.

ISBN: 9783346346575
Dieses Buch ist auch als E-Book erhältlich.

© GRIN Publishing GmbH
Nymphenburger Straße 86
80636 München

Druck und Bindung: Books on Demand GmbH, Norderstedt Germany
Gedruckt auf säurefreiem Papier aus verantwortungsvollen Quellen

Das Buch bei GRIN: https://www.grin.com/document/995003

Deutsche Hochschule für
Prävention und Gesundheitsmanagement

Hausarbeit (kollektive Prüfungsleistung)

Name, Vorname　　　　Schmehl, Jaqueline

Inhaltsverzeichnis

1 Marktbeschreibung/ -analyse

1.1 Allgemeine Informationen über den Unternehmenstyp

Der Unternehmenstyp der vorliegenden Hausarbeit ist das Konzept eines EMS-Studios, welches besonderen Wert auf effektives Ganzkörpertraining mit minimalem Zeitaufwand legt. Dieses wird in Form eines funktionellen Krafttrainings beziehungsweise eines Cardiotrainings auf dem Fahrrad mit einem Personal Trainer in einem eins zu eins oder eins zu zwei Training durchgeführt. Besonders hierbei ist, dass mit einem Spezialanzug durch niederfrequentierten Strom (Reizstrom) die Muskeln elektrisch stimuliert werden (EMS). Diese Art des Fitnessstudios lässt sich aufgrund seiner speziellen Kundenbetreuung und des durchschnittlichen Mitgliedsbeitrages von 99€ als hochpreisiges Premiumstudio deklarieren und sollte somit primär Personen mit hoher Kaufkraft ansprechen. Zur Hauptzielgruppe gehören dementsprechend Berufstätige mit hohem Einkommen und wenig Freizeit, sodass sie außerhalb ihres Berufes trotzdem Fitness betreiben können und für den größtmöglichen Erfolg den geringsten Zeitaufwand aufbringen müssen. Somit wird in 20 Minuten ein Ergebnis erreicht, wofür andere 2-mal für 1-2 Stunden ins Fitnessstudio hätten gehen müssen. Diese Zeitersparnis ermöglicht ein familienfreundliches Konzept, welches durch eine ebenso mögliche Mitnahme der Kinder ins Studio unterstrichen wird. Eine weitere Zielgruppe sind Rehabilitations Patienten die gelenkschonend Muskeln in einem Ganzkörpertraining aufbauen und besonders Schmerzen mildern wollen, ohne an Geräten viel Gewicht benutzen zu müssen. Besonders die Linderung von Rückenschmerzen steht im Vordergrund, da hier mit EMS-Training die tiefliegende Muskulatur beansprucht und somit das Muskelkorsett von innen heraus gestärkt wird. Des Weiteren werden verschiedene Ernährungskonzepte zur gezielten Gewichtsreduktion angeboten. Altersmäßig lässt sich das Konzept nicht komplett eingrenzen, jedoch werden vermehrt Personen ab dem 35. Lebensjahr angesprochen und eher weniger die jüngere Generation, da diese meistens über geringes Einkommen verfügen, mehr Zeit haben und zudem körperlich fitter sind.

Unser Studio zeichnet sich durch die dauerhafte und persönliche Betreuung jeder Trainingseinheit mit einem individuell erarbeiteten Trainingsplans aus, welcher aufgrund der vorangegangenen Trainingsanamnese im Erstgespräch erstellt wurde. Ebenso werden Erfolg und die Trainingsergebnisse dokumentiert, ausgewertet und gegebenenfalls angepasst.

Tab 1.: Produkt-, Preis- und Distriubtionspolitik (eigene Darstellung)

Produktpolitik	Preispolitik	Distributionspolitik
Effektives, funktionelles Ganzkörpertraining in 20 Minuten pro Woche	12 Monate für 28,90 €/Woche (52 Einheiten) 18 Monate für 24,90/Woche (78	Direkter Absatz da Einzelunternehmen und kein Vertragspartner zwischengeschaltet
Rückentraining	Einheiten)	Eigene Lagerung der Proteinriegel
Cardioeinheit auf dem Fahrrad	24 Monate für 21,90 €/Woche (104	sonst keine Lagerung da Dienstleistung
Verkauf von Proteinriegeln	Einheiten)	
Verkauf Ernährungskonzepte und Stoffwechselanalysen	10er Karte für 350€ (einmal möglich ohne Verlängerung	Marketing durch Standortwahl im Einkaufszentrum
Nach abgeschlossenem Probetraining und bestehender Unsicherheit	Riegel je 2€ oder Monats-Flat für 7€	
noch ein weiters Probetraining möglich	Ernährung 129€ / Stoffwechsel 29€	
Bei Beschwerden sofortige Bearbeitung und Lösung des Problems	Kunde wirbt Kunde = 2 zusätzliche Einheiten	
Mo-Fr: 9:00-20:00 Uhr Sa: 10:00-14:00 Uhr	Provision 25€ pro Neuvertrag	

1.2 Lage und Standort des Unternehmens

Mein gewählter Standort befindet sich im Einkaufzentrum „Westarkarden Freiburg" in der Breisacher Str. 149. Das Einkaufzentrum befindet sich im Stadtteil Mooswald und ist mit der S-Bahn sowie dem Bus sehr gut zu erreichen. Des Weiteren ist es möglich bis zu zwei Stunden kostenfrei zu parken und das Training gleichzeitig mit dem wöchentlichen Einkauf zu verbinden. Dieser Standort wurde sowohl wegen der hohen Kundenaquise durch die Laufkundschaft des Kaufhauses, als auch die Firmenfitnesskooperationen des angrenzenden und in 10 Minuten zu Fuß zu erreichenden Uniklinikums. In circa 10 Minuten ist ebenfalls das Industriegebiet Brühl zu erreichen, bei denen Firmenfitness ebenso aufgebaut werden kann.

1.3 Bestimmung von zwei Marktgebieten

Die unten dargestellte Karte zeigt zwei Marktgebiete, welche nach der Zeit-Distanz-Methode für 7 Minuten (grün) und 14 Minuten (rot) erstellt wurden. Die große Karte ist im Maßstab von 5 km pro cm und die Vergrößerung von 1 km pro cm dargestellt. Die Vergrößerung zeigt drei Standorte, wovon mein EMS-Studio blau und die zwei Mitbewerber mit Fähnchen markiert wurden.

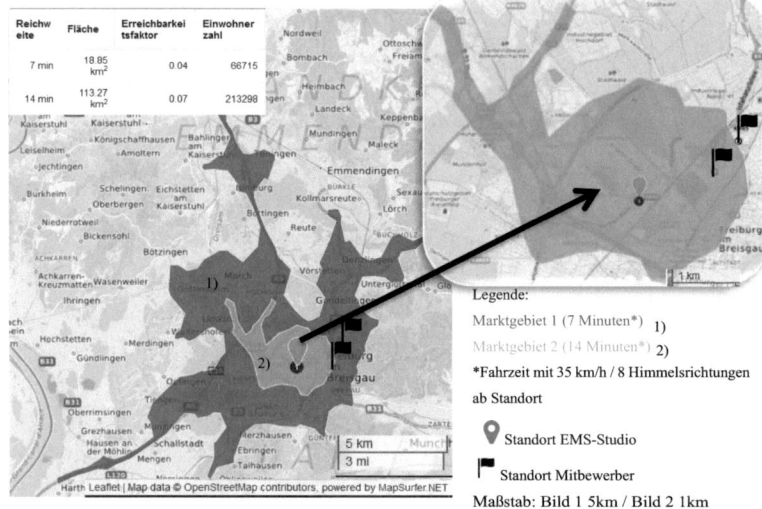

Reichw eite	Fläche	Erreichbarkei tsfaktor	Einwohner zahl
7 min	18.85 km²	0.04	66715
14 min	113.27 km²	0.07	213298

Legende:

Marktgebiet 1 (7 Minuten*) 1)

Marktgebiet 2 (14 Minuten*) 2)

*Fahrzeit mit 35 km/h / 8 Himmelsrichtungen ab Standort

📍 Standort EMS-Studio

🚩 Standort Mitbewerber

Maßstab: Bild 1 5km / Bild 2 1km

Abb. 1: Marktgebiet 1 und 2 mit Einzeichnung der Mitbewerber (Open Route Service, 2019)

1.4 Makroumfeldanalyse und Abschätzung des Marktpotenzials

1.4.1 Kaufkraft, Arbeitslosenquote und Altersverteilung

Tab.2: Bevölkerungszahl, Kaufkraft, Arbeitslosenquote, Altersverteilung (Quellen siehe Tabelle)

Bevölkerungszahl	229.636 Einwohner, 52,2% weibl., 47,8% män.. (31.12.18) (Sozialbericht Daten Report 2018 Freiburg, 2018)
Kaufkraft in € pro Jahr	23.249€ pro Jahr (MB-Research, 2019)
Kaufkraftindex	96,9 (MB-Research, 2019)
Arbeitslosenquote	Jahr 2018: 4,8 (IHK südlicher Oberrhein, 2018) September 2019: 3,5 (Arbeitsagentur, 2019)
Altersverteilung	<18 Jahren: 16,1 % →gut, da wir eher ab 35 ansprechen 18 -60 Jahren: 62,3 % >60 Jahren: 21,5%

Folgende Abbildung veranschaulicht die Einwohnerzahl der Stadtteile der Marktgebiete.

Tab.3: Bevölkerungszahl aufgegliedert nach Stadtteilen der Marktgebiete (modifiziert nach Amt für Bürgerservice u. Informationsverarbeitung)

Marktgebiet 1					
Stadtteil	**Einwohnerzahl**	**Stadtteil**	**Einwohnerzahl**	**Stadtteil**	**Einwohnerzahl**
Mooswald	9.049	Weingarten	11.111	Rieselfeld ½	5.017
Brühl	9.871	Lehen	2.518	Stühlinger ½	7.904
Betzenhausen	14.535	Landwasser	7.089	Herdern ½	6.093
Summe					**73.187**

Marktgebiet 2					
Stadtteil	**Einwohnerzahl**	**Stadtteil**	**Einwohnerzahl**	**Stadtteil**	**Einwohnerzahl**
Zähringen	9.146	Landwasser	7.089	Hochdorf ½	2.695
Industriegebiet Nord	1.430	Haslach	6.992	Gundelfingen ½	5.837
Holzhausen	1.211	Altstadt	7.647	Denzlingen ½	6.778
Hochdorf	5.393	St. Georgen	13.347	Tiengen 1/3	7.576
March	9.314	Gottenheim ½	1.442	Rieselfeld ½	5.017
Hungstetten	8.614	Vauban ½	2.794	Oberau ½	1.515
Umkirch	5.793	Leutersberg ½	2.985		
Summe					**112.615**

1.4.2 Marktpotenzial des Marktgebiets

Für die Berechnung des Marktpotenzials wurde eine Rechnung mit einer Reaktionsquote von 12 % aufgestellt. Das Marktgebiet 2 wurde in diesem Fall mit 70% gewichtet.

Gesamtmarktpotenzial:

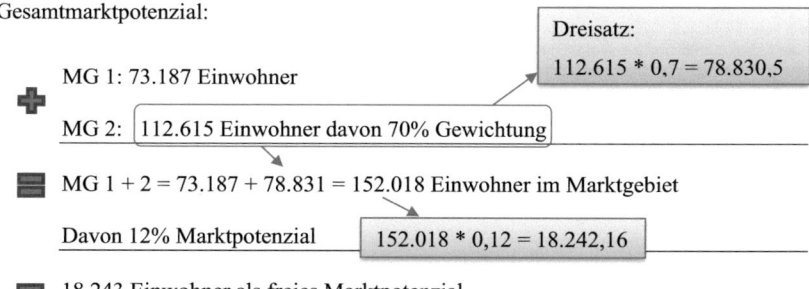

Dreisatz:

MG 1: 73.187 Einwohner

$112.615 * 0,7 = 78.830,5$

MG 2: 112.615 Einwohner davon 70% Gewichtung

MG 1 + 2 = 73.187 + 78.831 = 152.018 Einwohner im Marktgebiet

Davon 12% Marktpotenzial

$152.018 * 0,12 = 18.242,16$

18.243 Einwohner als freies Marktpotenzial

Unser freies Marktpotenzial beträgt somit 18.243 Einwohner welche eine denkbare Nachfrage an unserem Markt haben und potenziellen Umsatz für uns erzeugen könnten.

1.5 Wettbewerbsanalyse

Tab. 4: Vergleich der Wettbewerber mit meinem EMS-Studio hinsichtlich ihrer Produktpolitik und Positionierung (eigene Darstellung)

	Rückgrat-Center (Rückenzentrum)	Mein EMS-Studio	Trainingseffekt (EMS)
Philosophie/ Nutzen	- 2-mal in Freiburg + 1-mal Frauen - Fitness im hohen Alter - gesundheitsorientiertes Rücken-training - mentale Entspannung durch Well-nessangebote - Gleichgewicht zwischen Bewe-gung, Beweglichkeit, Entspannung, Ernährung soll aufgebaut werden	-1mal + 3 Studios der Kommilitonen - Zielgruppe ab 35 - gesundheitsorientiertes Ganzkörpertrai-ning: Fokus auf Rückentraining → Kom-plette Muskulatur gleichzeitig trainieren - Fit in 20 min Personal Training, da Kunden keine Zeit haben für ausgiebige Fitnessstudiogänge	-1-mal in Freiburg - Ganzkörpertraining mit vorgefertigtem Trai-ningsplan → Komplette Muskulatur gleichzeitig trainieren -20 min Personal Trai-ning

Angebot	-Rücken Flexx Zirkel - Feldenkrais, Eutonie - Kraft-, Ausdauer-, Beweglichkeits-, Kursbereich (Basis/ Comfort/ Flex) - Sauna/ Solarium/ Massage (Comfort/ Flex) - Getränkeflat (Comfort/ Flex)	- 20 min Ganzkörper-, Personaltraining - Statische, dynamische Übungen unter- stützt durch leichte Gewichte, Gummi- und TRX Bänder, Geräte funktioneller Bereich, Cardio durch Fahrrad - individuelle Gestaltung des Trainings, deshalb keine speziellen Rückenkurse - Getränke kostenfrei	- 20 min Ganzkörper-, Personaltraining - statische Übungen - standardisierter Trai- ningsplan - Wasser kostenfrei
Preis	- Basis: 12 Monate zu 16,99€ pro Woche → Kraft, Ausdauer, Beweg- lichkeit, Versicherung, Zirkel, Kurse - Comfort: 12 Monate zu 20,99€ pro Woche → Basis+ Sauna, Solarium, Massage, Getränke, Handtuch - Flex: monatl. Kündbar 24,99€ pro Woche	- 12 Monate (52 Einheiten) zu 28,90€ - 18 Monate (78 Einheiten) zu 24,90€ - 24 Monate (104 Einheiten) zu 21,90€ - 10er Karte 350€	- 52 Einheiten (12 Mo- nate) zu 25,90€ pro Trai- ning - 42 Einheiten (12 Monate) zu 27,90€ pro Training - Monatlich kündbar 29,90€ pro Training
Zentrale Stärken	1. Rundumbetreuung durch Gleich- gewicht zwischen Bewegung, Be- weglichkeit, Entspannung, Ernäh- rung 2. Wellnessangebote nach dem Training besonders für ältere Leute	1. Effektives Ganzköper,- Personaltraining in nur 20 Minuten für Per- sonen mit wenig Zeit 2. Erreichen der Tiefenmuskulatur innere Stärkung ohne Zusatzge- wichte→gelenkschonend 3. Zentrale Lage im Einkaufszentrum	
Zentrale schwächen	1. sehr Zeitaufwendig und somit nicht für Personen mit wenig Zeit ge- eignet 2. Kein Personaltraining und Trainer in der hauseigenen Akademie ausge- bildet→ somit keine staatlich aner- kannte Qualifikation	1. keine Dauerkontrolle/-betreuung der Kunden, somit muss das Ziel innerhalb eines 20-minütigen Trainings erarbeitet werden 2. keine Wellnessangebote zum Ent- spannen des Körpers und der Muskula- tur	1. Lage etwas außerhalb 2. vorgefertigte Trai- ningspläne, die nicht speziell auf die Person angepasst wird→somit keine Abwechslung im Training
Positio-nierung	Gesundheitsorientiertes Premiumstudio mit dem Fokus auf Rückentraining		Premiumstudio mit F. auf Ganzkörpertraining
Zusammenfassung	Zusammenfassend lässt sich sagen, dass alle drei Studios großen Wert auf Rückentraining legen und somit eher fortschreitendes bis älteres Klientel ansprechen. Des Weiteren sind alle drei Studios im gesundheitsori- entierten Premiumsegment angesiedelt, welche sich eher wohlhabendere Personen leisten wollen. Das Rückgrat Center bietet als einziges Studio ein Gleichgewicht zwischen Bewegung, Beweglichkeit, Entspan- nung und Ernährung, wohingegen die EMS-Studios das Personal Training in den Vordergrund stellen. Ge- nau diese Eigenschaft fehlt dem Rückenzentrum, was jedoch gerade für den älteren Kundenstamm wichtig ist, da dieser großen Wert auf persönliche Betreuung sowie Korrekturen legt, da Fehler in der Ausführung weitreichende Folgen haben können. Als positiven Pluspunkt besitzt das Rückgrat-Center einen Wellnessbe- reich und abwechslungsreiche Kursangebote, die den beiden EMS-Studios fehlen. Auf den ersten Blick er- scheinen beide EMS-Studios angebotsgleich, jedoch unterscheidet sich mein EMS-Studio in der individuel- len Trainingsplangestaltung gegenüber eines vorgefertigten Planes des anderen Studios. Zum einen ist die Tagesform der Kunden jedes Mal unterschiedlich, weswegen man nicht immer einen standardisierten Trai- ningsplan anwenden kann, zum anderen ist das Training somit abwechslungsreicher und individueller auf den Kunden abgestimmt. Außerdem liegt mein EMS-Studio recht zentral in einem Einkaufzentrum und nah am Krankenhaus, wohingegen beide anderen Studios etwas außerhalb gelegen sind, sodass umliegende Unternehmen und ihre Arbeitgeber nicht angesprochen werden.		

2 Marketingplanung

2.1 Budgetplanung

Das Jahresmarketingbudget wird mit der Methode Kosten pro Neukunden berechnet, wobei wir die Fluktuation aufgrund der Neueröffnung nicht miteinbeziehen. Die Marketingkosten sind in unserem Fall auf 100€ pro Neukunden festgelegt, die man mit der geplanten Mitgliederzahl von 90 Neukunden multipliziert und ein Budget von 9000 € erhält.

2.2 Kommunikationspolitik

Schon vor der Eröffnung müssen wir Mitglieder für unser Studio generieren, wofür wir drei Kommunikationsinstrumente verwenden. Neben der Werbung werden wir durch Facebook und Google Online-Marketing betreiben und durch eine Mischung aus Öffentlichkeitsarbeit und Verkaufsförderndes Direktmarketing, Promotion auf Festen betreiben. Für Online Marketing habe ich mich entschieden, da wir das Studio erst neu eröffnen werden und somit noch niemand von uns gehört hat. Durch Suchmaschinenmarketing und Keyword-Advertising werden Werbeanzeigen durch bestimmte Suchbegriffe für den Kunden angezeigt und er wird somit aufmerksam auf uns und überlegt sich eventuell weitere Informationen einzuholen und gegebenenfalls ein Probetraining zu absolvieren. Um das Thema EMS-Training, Informationen über das Unternehmen und die Tätigkeit auch außerhalb des Internets bekannt zu machen, ist es wichtig gute Öffentlichkeitsarbeit zu leisten. Dies ist mit Promotion-Aktionen auf Festen in der Umgebung möglich, ebenso um neue Leads (Kontakte) zu sammeln. Man informiert die Leute über die neue Trainingsform, macht gegebenenfalls schon ein Probetraining mit ihnen aus oder sammelt vorerst nur Leads. Mit diesen Leads kann weiterhin Direktmarketing betrieben und die Kunden später persönlich angerufen werden.

Tab.5: Vermarktungskampagne (eigene Darstellung)

Ziel	Gewinnung Aufmerksamkeit/ Onlinepräsens, Sammeln neuer Leads zur Kontaktaufnahme und Vereinbarung eines Probetrainings
Inhalt/ Planung/ Umsetzung der Kampagne	- Online Keyword-Advertising: Kunden such nach EMS,Fitnessstudio, Fitness und wir werden oben angezeigt - Facebook Werbung: Neueröffnung Studio mit Eröffnungsangeboten, „Call to Action Button", um Probetraining zuvereinbaren → voreingestellter Algorithmus zeigt nur Personen unserer Zielgruppe und Umfeld - 40.000 Flyer, 3 Wochen in Folge verteilen→ Personen mehrfach aufmerksam machen/ Erinnerung wecken - Inhalt: Neueröffnung, Eröffnungsangebots auf der Vorderseite, Infos über Stadtfest auf der Rückseite - Stadtfest: Glücksrad mit Gewinnen: gerade Zahlen = ein Training, ungerade Zahlen = zwei Trainings, Hauptpreis einen Monat gratis→ Kunden drehen, gewinnen und füllen Leadkarte aus

Controlling / Erfolg messen	- Stadtfest: Glückskekse werden von Mitarbeitern auf der Straße verteilt→ bei einer „1" erhält man ein Probetraining bei einer „2" 2 Probetrainings→ Gewinn muss am Stand abgeholt werden - ein Mitarbeiter dreht das Rad, einer füllt Leadkarten aus und zwei Weitere verteilen Kekse auf der Straße Den Erfolg messen wir anschließend anhand der gesammelten Leads oder Anrufe, die wir in Relation zur Anzahl der terminierten Probetrainings setzen. Ebenso lässt sich ermitteln, wie viele der Probetrainings schlussendlich einen Vertrag abgeschlossen haben. Am Ende ist noch zu prüfen wie oft der Kunde nun wirklich bspw. den Flyer bewusst in der Hand hatte, um für folgende Kampagnen den nötigen Durchschnittskontakt festlegen zu können.

Tab. 6: Zeitplan der Marketingkampagne bis zum Stadtfest am 20.11. (eigene Darstellung)

Datum	Zeit	Inhalt/Planung	Wer	Benötigtes Material
09.09.	12:00 Uhr	Anmeldung beim Gewerbeverein fürs Fest	Tim	Telefon
10.09.	12:15 Uhr	Bestellung Glückskekse. -rad	Tim	Telefon
10.09.	12:30 Uhr	Schaltung der Online Werbung	Jaqui	Laptop/ Telefon
10.09.	12:45 Uhr	Bestellung der Flyer sowie Austragungsauftrag, somit keine weiteren Schritte nötig	Jaqui	Laptop/ Telefon
19.11.	12:00 Uhr	Anlieferung Glücksrad und Kekse	DHL	Lager
20.11.	9:00 Uhr	Materialien aus dem Lager holen und einpacken	Jaqui	IPad, Flyer, Glücksrad, -kekse, Banner, Leadkarten
20.11.	10:00 Uhr	Aufbau Stand (Tische u. Zelt bereits durch Veranstaltung aufgebaut)	Veranstalter	Tische, Zelt
20.11.	10:20 Uhr	Aufbau Glücksrad/ Banner	Leo	Banner, Rad
20.11	11:00 Uhr	Start mit oben beschriebenen Aufgaben 2-stündl. Wechsel der Aufgaben	4 Mitarbeiter	Flyer, IPad, Glücksrad, Kekse, Leadkarten
20.11.	19:00 Uhr	Ende der Veranstaltung		

2.3 Werbeplanung

Für die Werbeplanung bis zur Eröffnung unseres Studios wurde ein Werbebudget von 1.800€ errechnet, was 20% des Jahresmarketingbudgets ausmacht. Als Werbemittel werden Flyer über Postboten in Briefkästen, Plakate auf Großflächenplakaten in der Nähe von Ampeln und Bushaltestellen und Anzeigen in der Zeitung genutzt. Für die Zeitungsanzeige haben wir eine Kleinanzeige mit Bild in der Stadtpost ausgewählt. Sie ist zwar aufgrund der Größe und Verzierung recht teuer, wird jedoch eher wahrgenommen, wie eine kleine Anzeige. Ebenso lesen eher ältere Personen Zeitungen, wodurch es genau unsere Zielgruppe erreicht. Inhalt der Anzeige sind Hinweise auf die Studioneueröffnung, die Möglichkeit kostenlose Probetrainings zu vereinbaren sowie eine der preisreduzierten Eröffnungsmitgliedschaften in Anspruch zu nehmen. Außerdem wird auf das kommende Stadtfest mit tollen Preisen verwiesen. Alle Inhalte werden ebenso auf die Flyer und die Plakate gedruckt. Die Flyer sind dafür da Aufmerksamkeit zu erzeugen, obwohl keine spezielle Zielgruppe erreicht werden kann, da man nicht weiß, welche Altersgruppe in dem Haushalt wohnt oder ob der Flyer überhaupt gelesen wird. Da Flyer eine relativ kostengünstige Werbemaßnahme darstellen, ist der Nutzen zur Aufmerksamkeitserzeugung recht hoch und somit wirtschaftlich. Das Problem der unbestimmten Zielgruppe liegt ebenfalls bei Plakaten vor. Einerseits erreichen wir sämtliche Altersklassen, die fahrberächtigt sind, somit auch junge Leute, da die Großflächen an Ampeln gewählt werden, jedoch spricht dies nicht unbedingt Personen an, die auch an Fitness interessiert sind. Dasselbe Problem liegt an Bushaltestellen vor, da hier eher Personen ohne Fahrerlaubnis angesprochen werden, somit auch Kinder und ganz alte Personen. Wirtschaftlich sind beide Wege nur, wenn das Plakat viel Aufmerksamkeit durch Farbe und Inhalt erregt, denn schlicht gestaltete Plakate gehen in der kognitiven Verarbeitung unter und werden nicht abgespeichert. Erregt unser Plakat Aufmerksamkeit, ist das Ziel erreicht und die Kosten haben sich gelohnt.

Mir ist insbesondere zur Neueröffnung wichtig grundsätzliche Aufmerksamkeit zu erregen, egal ob unsere eigentliche Zielgruppe und Altersklasse angesprochen wird, da sich Menschen häufig über neue Dinge in der Stadt unterhalten. Denn so gut wie jeder kennt Jemanden mit Rückenbeschwerden, für den unser Konzept interessant sein könnte. Außerdem erreichen wir eine hohe Reichweite in unserem engeren Marktgebiet, da in jedem Haushalt ein Flyer eingeworfen wird. Die Stadtpost erreicht sogar über unseren Stadtteil hinaus noch andere Städte.

2.4 Kostenkalkulation / Budgetvergleich bei der Werbeplanung

Für den Druck der 40.000 Flyer, sowie das Austragen wurde per Preiskalkulator (Saxoprint) für 6 umliegende Stadtteile (Herdern, Innenstadt, Haslach, Rieselfeld, Betzenhausen, Mooswald) eine Summe von 2.800€ errechnet. Möchte man das Industriegebiet ebenfalls hinzuziehen wären das weitere 10.000 Haushalte und circa 800€ zusätzlich, was für unsere Firmenkooperationsplanung von Vorteil wäre.

In der Badischen Zeitung wird eine Premium Anzeige mit Bild und knalligen Farben für 4 Erscheinungstermine geschaltet, was weitere 3.000€ kosten wird.

Für Plakate werden pro Tag pro Großfläche im Schnitt 18€ berechnet, was 540€ für einen Monat ausmachen. Wir werden eine Fläche in der Nähe des Uniklinikums, am Bahnhof, in der Innenstadt, im Industriegebiet und in der Nähe unseres Studios anbringen, was somit 5 mal 540 € und in der Summe 2.700€ ergeben. Die Gesamtkosten belaufen sich somit auf 9.300 €.

Da unser Eröffnungsbudget mit 9.000€ errechnet wurde liegen wir nur leicht darüber. Eine Optimierungsmöglichkeit wäre die Flyer für das Industriegebiet zu streichen und dafür ein weiteres Plakat beispielsweise auf dem Ikea-Parkplatz anzubringen, denn die Firmen des Industriegebiets werden die Flyer wahrscheinlich sowieso nicht lesen und an ihre Mitarbeiter verteilen. Ist jedoch ein Plakat angebracht, fährt jeder Mitarbeiter täglich daran vorbei und bemerkt es nach mehreren Sichtkontakten.

Als zweite Optimierungsmöglichkeit könnte man die Zeitungsanzeige durch einen Radiospot austauschen, denn im Auto ist man gezwungen den Spot zu hören, in der Zeitung jedoch liest man eher Dinge, die einen wirklich interessieren. Der Spot wird über 4 Wochen von Montag bis Freitag 10-mal am Tag (4-mal morgens, 3-mal nachmittags und jeweils 1-mal Tagsüber, abends und nachts) über BigFM ausgestrahlt und erreicht circa 1 Mio. Einwohner. Preislich unterscheidet sich die Radiowerbung von der Zeitungsanzeige nicht, sodass dies keine Preiseinsparung ist, jedoch von der Wirtschaftlichkeit höher liegt, da sich die Reichweite erhöht.

2.5 Synergieeffekte im Rahmen der Kommunikationspolitik

Durch die gemeinsame Nutzung von verschiedenen Werbemitteln- und Kanälen lässt sich ein Synergieeffekt erzielen, denn man teilt sich die Kosten, macht aber für alle Unternehmen gleichzeitig Werbung. Ein Beispiel wäre ein gemeinsamer Flyer mit gleichem Inhalt und allen Studioadressen vermerkt. Dieses Verfahren lässt sich so gut wie mit jedem Werbemittel gestalten. Das einzige Problem sind die unterschiedlichen Preise und Eröffnungsangebote. In diesem Fall wäre es sinnvoll ein gemeinsames, aufmerksamkeitserzeugendes Design zu entwickeln und vermerken, dass es Eröffnungsangebote gibt, wobei man sparen kann. Sind die Menschen wirklich interessiert, werden sie sich im Internet über die exakten Preise informieren und ein Probetraining vereinbaren. Gerade für mein relativ kleines EMS-Studio ist es wichtig ein Gesamtmarketingbudget zu nutzen, da ich lediglich 9.000€, wohingegen die anderen Studios bis zu 72.000€ zur Verfügung haben. Insgesamt können wir mit 129.000€ viel mehr Marketing betreiben, als jeder alleine. Von diesem Betrag lassen sich sowohl Einzel-, als auch Gruppenkampagnen schalten.

3 Abschlussstatement

Um abschließend unsere Unternehmensgruppe zu bewerten muss zunächst einmal Freiburg bewertet werden. Da die Kaufkraft der Stadt Freiburg mit 96,9 (MB-Research, 2019) bereits unter dem deutschlandweiten Durchschnitt von 100 liegt, ist es schwer für das gesamte Unternehmen erfolgreich zu werden, da wir alle Studios im hochpreisigen Premiumsegment gewählt haben und zudem eher ältere Personen ansprechen. Für Studenten, Schüler oder Auszubildende haben wir somit kein passendes Studio in unserer Unternehmenruppe dabei. Ebenso haben unsere Studios keine Studenten- oder Schülerangebote. Um also die gesamte Altersspanne und Budgetspanne abzudecken, fehlt unserem Unternehmen ein Discountstudio. Ebenso problematisch ist die Geografie Freiburgs mit vielen dezentralen Stadtteilen mit geringer Bevölkerung, damit es sich lohnen könnte. Zudem ist die Innenstadt Freiburgs relativ voll von jeglichen Fitnesstudios.

Das Gesundheitsstudio spricht Personen mit einem normalen bis guten Einkommen ab 30 Jahhren an. Es wird hoher Wert Qualität, persönliche Beratung, Fachkompetenz und Lösungen für gesundheitliche Probleme gelegt. Das Angebot erstreckt sich von Kraft- und Cardiobereichen über Kurse und dauerhafte persönliche Betreuung.

Das Premiumstudio spricht überwiegend Führungskräfte von Unternehmen, Beamte und Personen mit einem überdurchschnittlichen Einkommen ab 35 Jahren an. Aus dieser Zielgruppe entwickelt sich somit ein Klientel, was sehr hohen Wert auf Qualität, Angebotsvielfalt durch Fitnessgerichte, Outdorkurse und Wellnesslandschaften legt und somit auf außergewöhnliche Leistungen besteht. Dieses Studio ist meiner Meinung nach kritisch zu betrachten, da Freiburg über eine niedrige Kaufkraft verfügt und wenige Personen dieser Zielgruppe in Freiburg vorhanden sind.

Mein EMS-Studio legt besonderen Wert auf ein effektives Ganzkörpertraining mit minimalem Zeitaufwand, bei dem funktionelles Krafttraining mit einem Cardiotraining auf dem Fahrrad mit einem Personal Trainer kombiniert wird. Besonders die Linderung von Rückenschmerzen steht hierbei im Vordergrund. Mit einem Durchschnittsbeitrag von 99€ liegt dieses Studio preislich weit über allen anderen Studios der Unternehmensgruppe. Da dieses Studio ebenfalls Personen ab 35 Jahren anspricht und von der Standortwahl in der Mitte aller EMS-Studios liegt, ist dieses Studio ebenfalls keine optimale Lösung.

Meiner Meinung am besten geeignet ist das Damenstudio, da Studios dieser Art in Freiburg noch nicht so weit verbreitet sind, wie Gesundheits- und Discoutstudios und die Zielgruppe ab 20 Jahren beginnt, weswegen eine große Alterspanne gegeben ist. Außerdem ist der Standort hervorragend gewählt, da sich im Umkreis viele Kindergärten, Grundschulen, Kosmetikstudios und Friseusalons befinden. Somit bietet dies die optimale Möglichkeit, berufstätigen Frauen oder Müttern mit geringem Zeitrepertoire, den Sport mit anderen Verpflichtungen, Terminen oder Freizeitangeboten zu verknüpfen.

4 Literaturverzeichnis

Badische Zeitung. (2019). Zugriff am 20.10.2019. Verfügbar unter: https://bzrechner.badische-zeitung.de

Crossvertise. (2019). Zugriff am 20.10.2019. Verfügbar unter https://market.crossvertise.com/de-de/media/ooh/map?AddressMap=Breisacher+Stra%C3%9Fe%2C+Freiburg+im+Breisgau%2C+Deutschland&SwLat=&SwLng=&NeLat=&NeLng=

IHK Südlicher Oberrhein. (2019). *Kaufkraft in der Region.* Zugriff am 20.10.19. Verfügbar unter https://www.suedlicher-oberrhein.ihk.de/servicemarken/branchen/handel_neu/Stationaerer-Handel/Kaufkraft-in-der-Region/3711714

MB-Research. (2019). *Kaufkraft 2019 in Deutschland.* Zugriff am 20.10.2019. Verfügbar unter: https://www.mb-research.de/_download/MBR-Kaufkraft-Kreise.pdf

Stadt Freiburg. (2018). *Beiträge zur Statistik Sozialbericht DatenReport 2017.* Zugriff am 20.10.2019. Verfügbar unter https://www.freiburg.de/pb/site/Freiburg/get/params_E1685640894/1279781/Sozialbericht%202018.pdf

Stadt Freiburg. (2019). *Statistische Daten zu Freiburg- Die Bevölkerung.* Zugriff am 25.10.2019. Verfügbar unter https://www.freiburg.de/pb/1344916.html

Statistik der Bundesagentur für Arbeit. (2019). *Arbeitsmarkt im Überblick - Berichtsmonat September 2019 - Freiburg.* Zugriff am 20.10.2019. Verfügbar unter https://statistik.arbeitsagentur.de/Navigation/Statistik/Statistik-nach-Regionen/BA-Gebietsstruktur/Baden-Wuerttemberg/Freiburg-Nav.html

5 Abbildungs- und Tabellenverzeichnis

5.1 Abbildungsverzeichnis

5.2 Tabellenverzeichnis